Impressum
Verlag: BABADADA GmbH, Nedderfeld 112 , 22529 Hamburg
Geschäftsführer / Verlagsleitung: Harald Hof
Druck: Books on Demand GmbH, In de Tarpen 42, 22848 Norderstedt

Imprint
Publisher: BABADADA GmbH, Nedderfeld 112 , 22529 Hamburg, Germany
Managing Director / Publishing direction: Harald Hof
Print: Books on Demand GmbH, In de Tarpen 42, 22848 Norderstedt

koulu
school

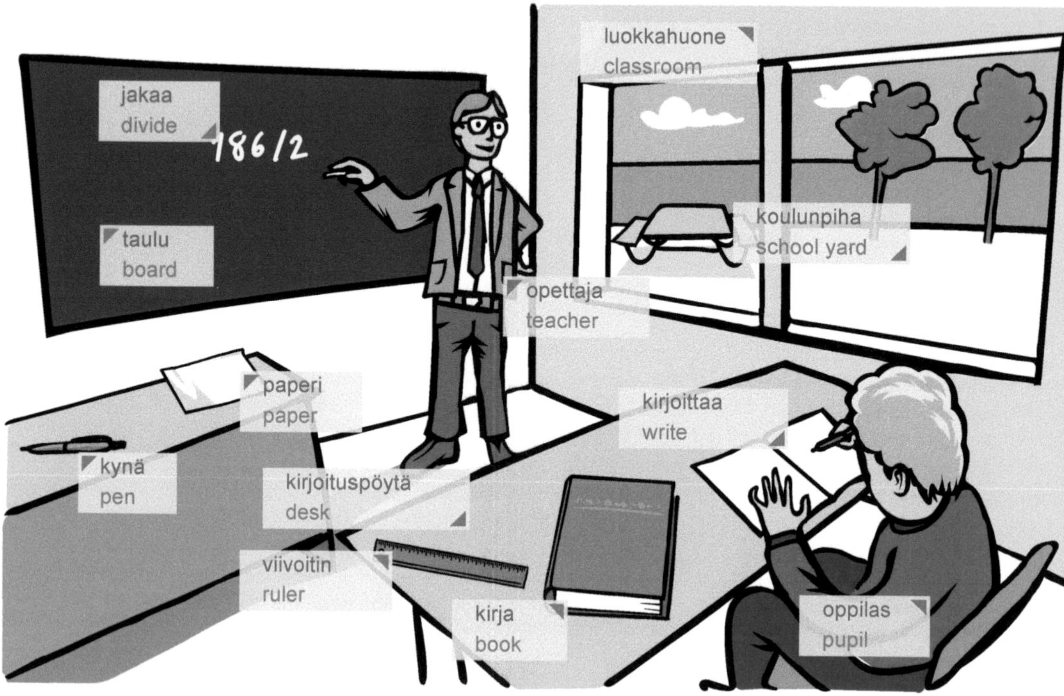
luokkahuone
classroom
jakaa
divide
186/2
taulu
board
koulunpiha
school yard
opettaja
teacher
paperi
paper
kirjoittaa
write
kynä
pen
kirjoituspöytä
desk
viivoitin
ruler
kirja
book
oppilas
pupil

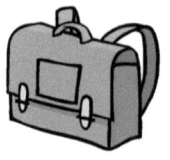

reppu

satchel

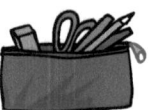

penaali

pencil case

lyijykynä

pencil

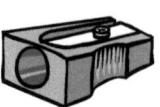

kynänteroitin

pencil sharpener

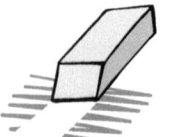

pyyhekumi

rubber

piirustuslehtiö

drawing pad

piirustus

drawing

pensseli

paintbrush

vesivärit

paint box

sakset

scissors

liima

glue

harjoituskirja

exercise book

kotitehtävä

homework

luku

number

2+2

lisätä

add

5-2

vähentää

subtract

2×2

kertoa

multiply

laskea

calculate

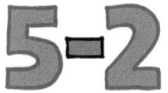

kirjain

letter

ABCDEFG
HIJKLMN
OPQRSTU
VWXYZ

aakkoset

alphabet

hello

sana

word

teksti

text

lukea

read

liitu

chalk

oppitunti

lesson

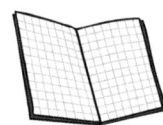

opettajan muistikirja

register

koe

exam

todistus

certificate

koulupuku

school uniform

koulutus

education

sanakirja

encyclopedia

yliopisto

university

mikroskooppi

microscope

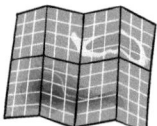

kartta

map

roskakori

paper bin

matka
travel

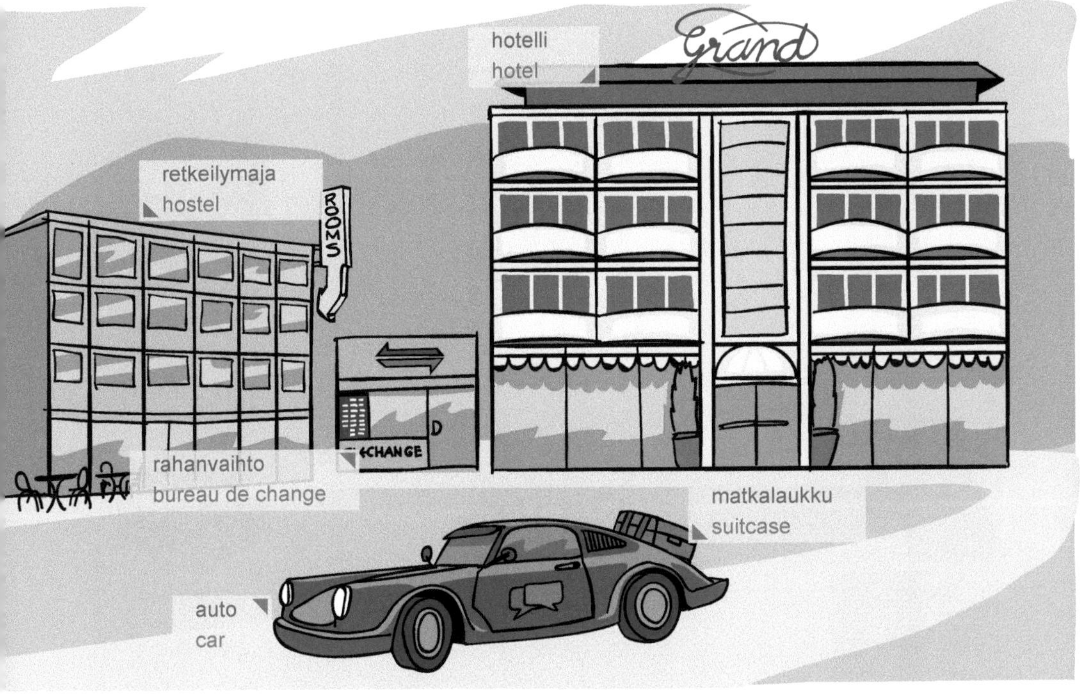
Grand
hotelli
hotel
retkeilymaja
hostel
ROOMS
CHANGE
rahanvaihto
bureau de change
matkalaukku
suitcase
auto
car

kieli

language

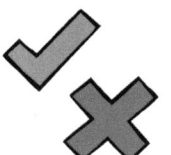

kyllä / ei

yes / no

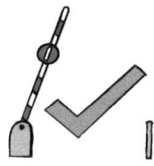

selvä

Okay

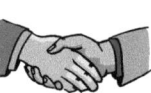

hei

hello

tulkki

translator

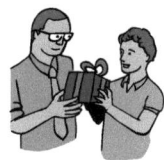

kiitos

Thank you

Paljonko...maksaa?

how much does ... cost?

en ymmärrä

I do not understand

ongelma

problem

Hyvää iltaa!

Good evening!

Hyvää huomenta!

Good morning!

Hyvää yötä!

Good night!

näkemiin

bye bye

suunta

direction

matkatavarat

luggage

laukku

bag

reppu

backpack

vieras

guest

huone

room

makuupussi

sleeping bag

teltta

tent

turisti-info

tourist information

ranta

beach

luottokortti

credit card

aamupala

breakfast

lounas

lunch

päivällinen

dinner

matkalippu

ticket

hissi

lift

postimerkki

stamp

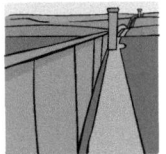

raja

border

tulli

customs

suurlähetystö

embassy

viisumi

visa

passi

passport

kuljetus
transport

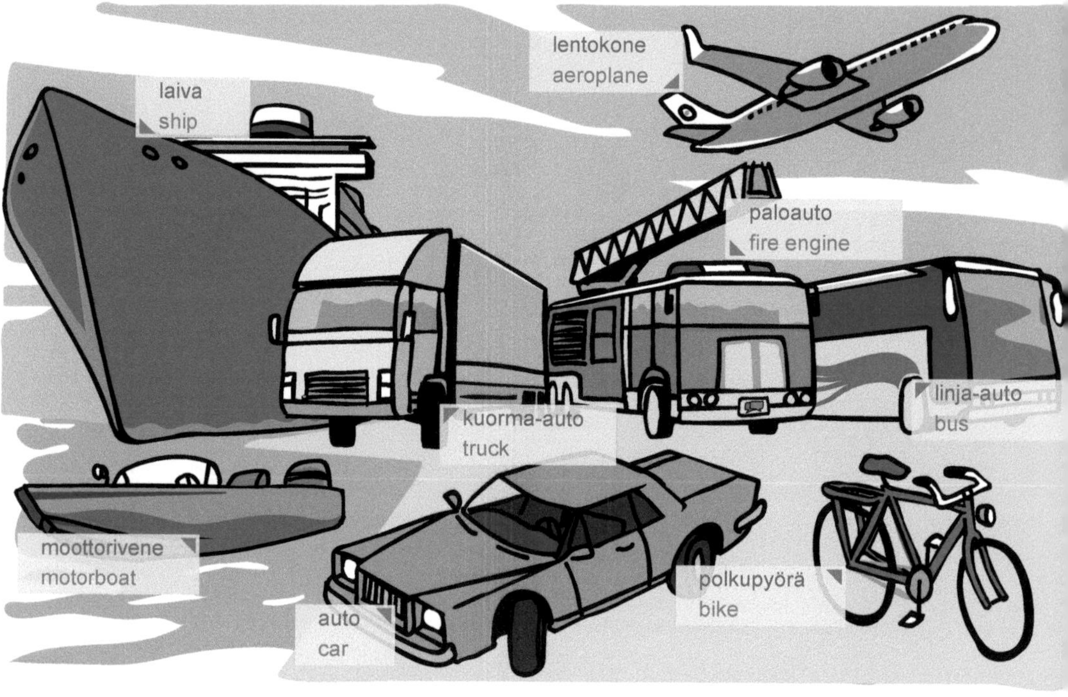
lentokone
aeroplane
laiva
ship
paloauto
fire engine
linja-auto
bus
kuorma-auto
truck
moottorivene
motorboat
polkupyörä
bike
auto
car

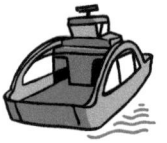

lautta

ferry

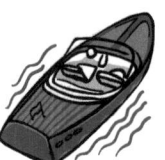

vene

boat

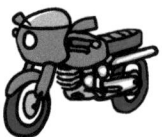

moottoripyörä

motorbike

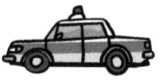

poliisiauto

police car

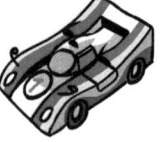

kilpa-auto

racing car

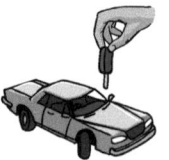

vuokra-auto

rental car

car sharing

car sharing

hinausauto

breakdown truck

roska-auto

refuse truck

moottori

motor

polttoaine

fuel

huoltoasema

petrol station

liikennemerkki

traffic sign

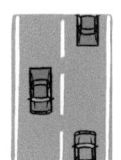

liikenne

traffic

ruuhka

traffic jam

parkkipaikka

car park

rautatieasema

train station

raiteet

tracks

juna

train

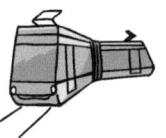

raitiovaunu

tram

vaunu

carriage

helikopteri

helicopter

lentokenttä

airport

lähilennonjohto

tower

matkustaja

passenger

kontti

container

pahvilaatikko

carton

kärryt

cart

kori

basket

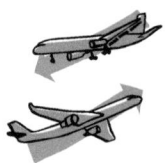

nousta / laskea

take off / land

kaupunki

city

kylä

village

keskusta

city centre

talo

house

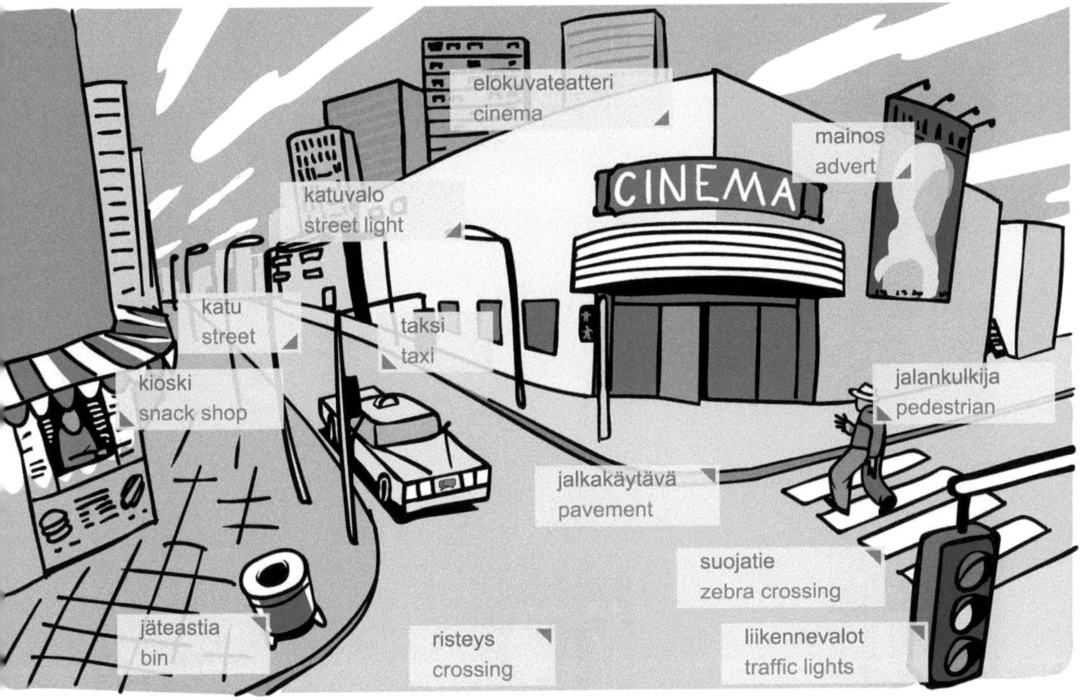

elokuvateatteri
cinema

mainos
advert

katuvalo
street light

katu
street

taksi
taxi

jalankulkija
pedestrian

kioski
snack shop

jalkakäytävä
pavement

suojatie
zebra crossing

jäteastia
bin

risteys
crossing

liikennevalot
traffic lights

mökki
hut

kerrostalo
flat

rautatieasema
train station

kaupungintalo
town hall

museo
museum

koulu
school

kaupunki - city

yliopisto

university

pankki

bank

sairaala

hospital

hotelli

hotel

apteekki

pharmacy

toimisto

office

kirjakauppa

book shop

liike

shop

kukkakauppa

florist's

supermarketti

supermarket

tori

market

tavaratalo

department store

kalakauppias

fishmonger's

ostoskeskus

shopping centre

satama

harbour

puisto

park

penkki

bench

silta

bridge

portaat

stairs

metro

underground

tunneli

tunnel

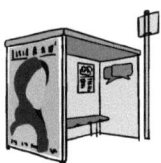

linja-autopysäkki

bus stop

baari

bar

ravintola

restaurant

postilaatikko

postbox

katukyltti

road sign

parkkimittari

parking meter

eläintarha

zoo

uimala

swimming pool

moskeija

mosque

kaupunki - city

maatila

farm

ympäristön saastuminen

pollution

hautausmaa

graveyard

kirkko

church

leikkikenttä

playground

temppeli

temple

maisema
landscape

lehti
leaf

tienviitta
signpost

tie
way

niitty
meadow

kivi
stone

retkeilijä
hiker

puu
tree

joki
river

ruoho
grass

kukka
flower

laakso

valley

vuori

hill

järvi

lake

metsä

forest

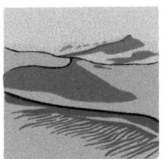

aavikko

desert

tulivuori

volcano

linna

castle

sateenkaari

rainbow

sieni

mushroom

palmu

palm tree

hyttynen

mosquito

kärpänen

fly

muurahainen

ant

mehiläinen

bee

hämähäkki

spider

kovakuoriainen

beetle

sammakko

frog

orava

squirrel

siili

hedgehog

jänis

hare

pöllö

owl

lintu

bird

joutsen

swan

villisika

boar

peura

deer

hirvi

moose

pato

dam

tuulimylly

wind turbine

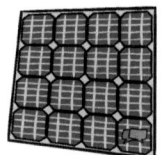

aurinkopaneeli

solar panel

ilmasto

climate

ravintola
restaurant

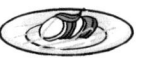

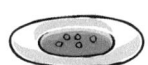

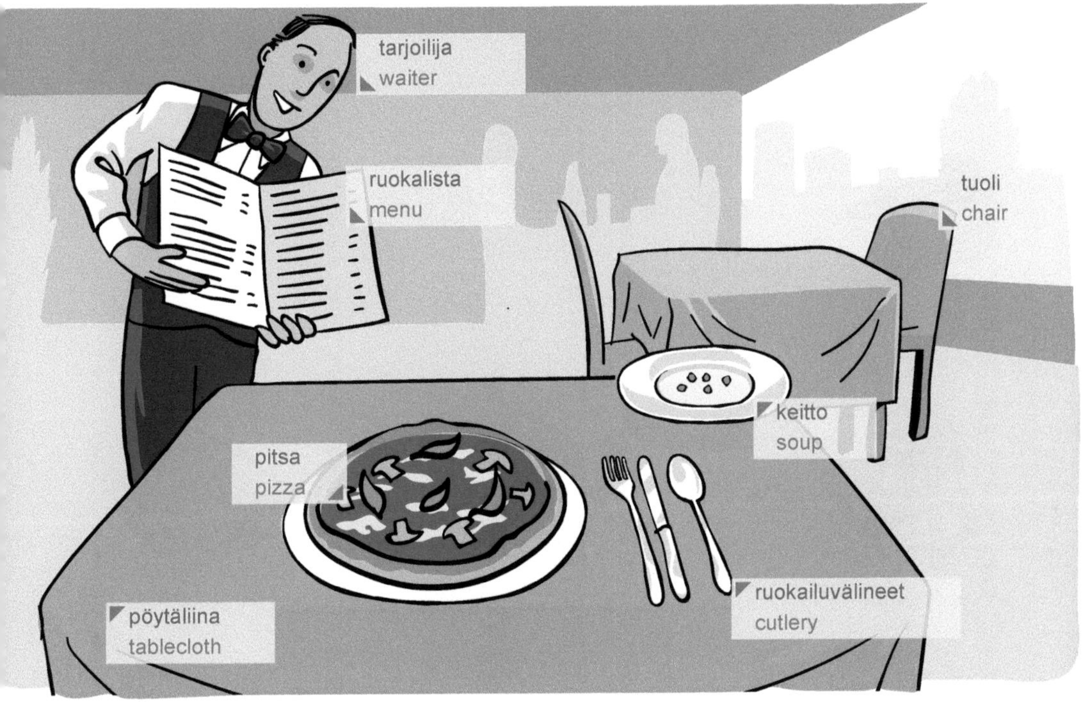
tarjoilija
waiter
ruokalista
menu
tuoli
chair
keitto
soup
pitsa
pizza
ruokailuvälineet
cutlery
pöytäliina
tablecloth

alkuruoka

starter

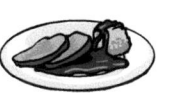

pääruoka

main course

jälkiruoka

dessert

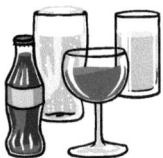

juomat

drinks

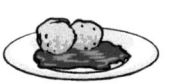

ruoka

food

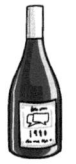

pullo

bottle

pikaruoka

fast food

katuruoka

street food

teekannu

teapot

sokeriastia

sugar bowl

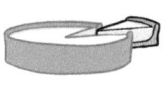

annos

portion

espressokeitin

espresso machine

syöttötuoli

high chair

lasku

bill

tarjotin

tray

veitsi

knife

haarukka

fork

lusikka

spoon

teelusikka

teaspoon

servietti

serviette

lasi

glass

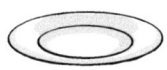

lautanen

plate

syvä lautanen

soup plate

aluslautanen

saucer

kastike

sauce

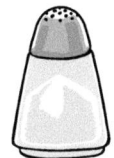

suolasirotin

salt cellar

pippurimylly

pepper mill

etikka

vinegar

öljy

oil

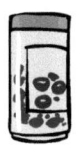 

mausteet

spices

ketsuppi

ketchup

sinappi

mustard

majoneesi

mayonnaise

tarjous
special offer

asiakas
customer

maitotuotteet
dairy

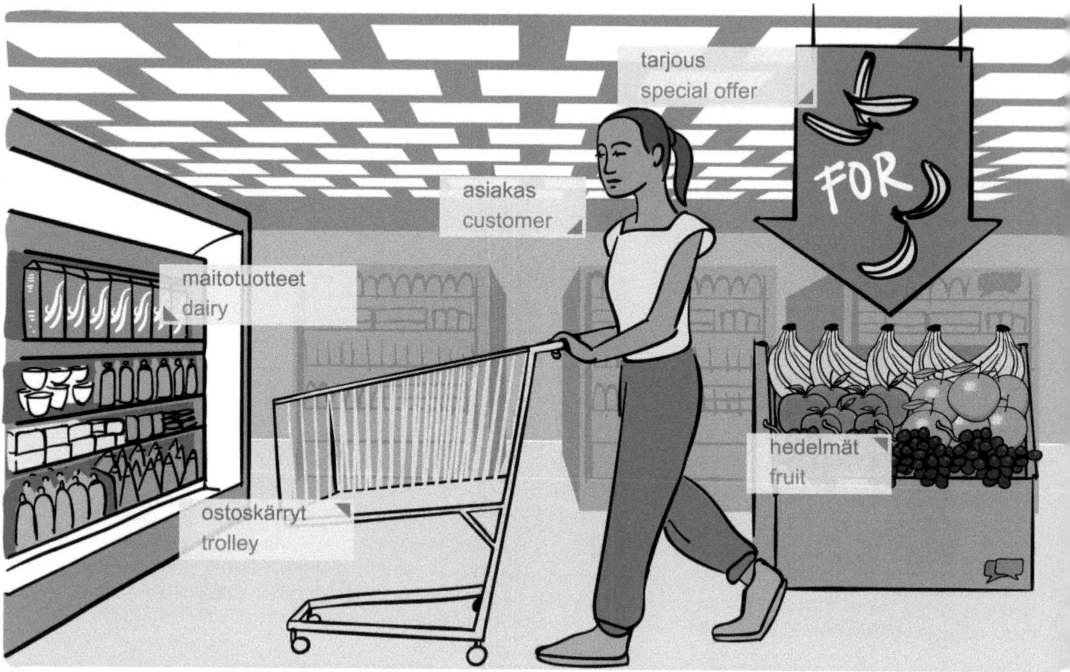

hedelmät
fruit

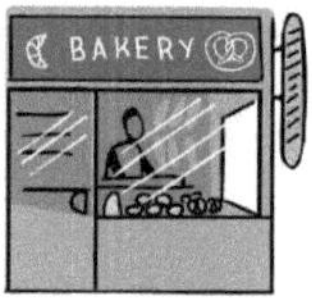

ostoskärryt
trolley

teurastamo	leipomo	punnita

butcher's	baker's	weigh

kasvikset	liha	pakasteet
	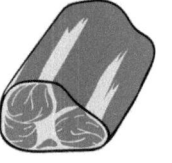	
vegetables	meat	frozen food

leikkele

cold meat

säilykkeet

tinned food

pesujauhe

washing powder

makeiset

sweets

kotitaloustarvikkeet

household products

puhdistusaineet

cleaning products

myyjä

salesperson

kassa

till

kassanhoitaja

cashier

ostoslista

shopping list

aukioloajat

opening hours

lompakko

wallet

luottokortti

credit card

kassi

bag

muovipussi

plastic bag

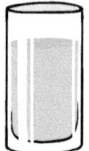

vesi

water

mehu

juice

maito

milk

kokis

coke

viini

wine

olut

beer

alkoholi

alcohol

kaakao

cocoa

tee

tea

kahvi

coffee

espresso

espresso

cappuccino

cappuccino

banaani

banana

omena

apple

appelsiini

orange

meloni

melon

sitruuna

lemon

porkkana

carrot

valkosipuli

garlic

bambu

bamboo

sipuli

onion

sieni

mushroom

pähkinät

nuts

spagetti

noodles

spagetti

spaghetti

riisi

rice

salaatti

salad

ranskalaiset

chips

paistetut perunat

fried potatoes

pitsa

pizza

hampurilainen

hamburger

voileipä

sandwich

leike

cutlet

kinkku

ham

salami

salami

makkara

sausage

kana

chicken

paisti

roast

kala

fish

kaurahiutaleet

porridge oats

mysli

muesli

murot

cornflakes

jauho

flour

voisarvi

croissant

sämpylä

bread roll

leipä

bread

paahtoleipä

toast

keksit

biscuits

voi

butter

rahka

curd

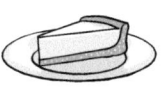

kakku

cake

kananmuna

egg

paistettu kananmuna

fried egg

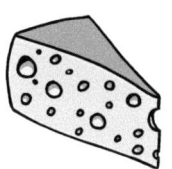

juusto

cheese

ruoka - food

jäätelö

ice cream

sokeri

sugar

hunaja

honey

hillo

jam

suklaapähkinälevite

chocolate spread

curry

curry

ruoka - food

maatila
farm

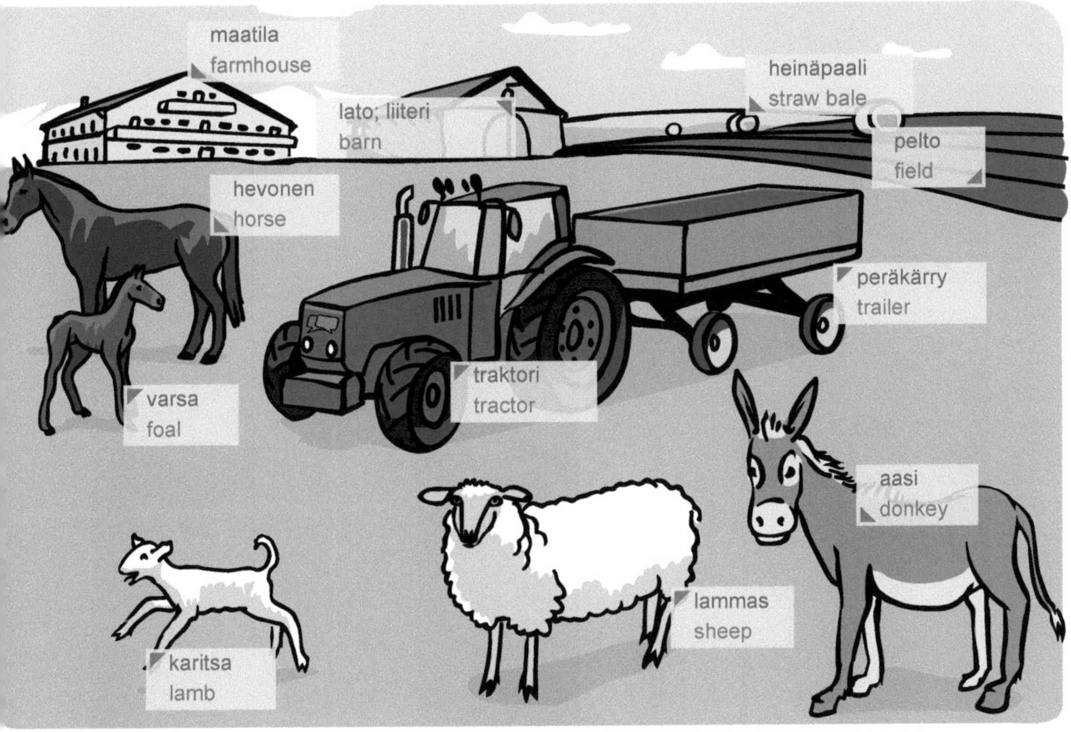
maatila
farmhouse
lato; liiteri
barn
heinäpaali
straw bale
pelto
field
hevonen
horse
peräkärry
trailer
traktori
tractor
varsa
foal
aasi
donkey
lammas
sheep
karitsa
lamb

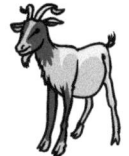

vuohi

goat

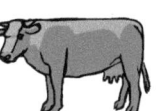

lehmä

cow

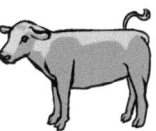

vasikka

calf

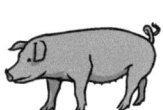

sika

pig

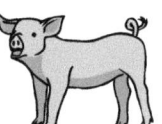

porsas

piglet

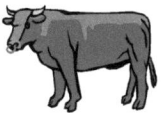

sonni

bull

hanhi

goose

ankka

duck

tipu

chick

kana

hen

kukko

cock

rotta

rat

kissa

cat

hiiri

mouse

härkä

ox

koira

dog

koirankoppi

doghouse

puutarhaletku

garden hose

kastelukannu

watering can

viikate

scythe

aura

plough

sirppi

sickle

kuokka

hoe

talikko

pitchfork

kirves

axe

kottikärryt

wheelbarrow

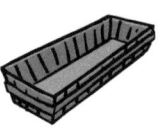

kaukalo

trough

maitokannu

milk can

säkki

sack

aita

fence

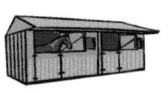

talli

stable

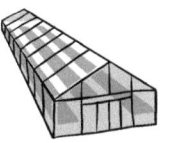

kasvihuone

greenhouse

maa

soil

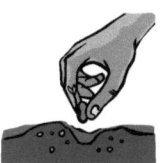

siemen

seed

lannoite

fertilizer

leikkuupuimuri

combine harvester

maatila - farm

29

kerätä sato
harvest

sato
harvest

jamssit
yams

vehnä
wheat

soija
soy

peruna
potato

maissi
corn

rypsi
rapeseed

hedelmäpuu
fruit tree

maniokki
cassava

vilja
cereals

talo

house

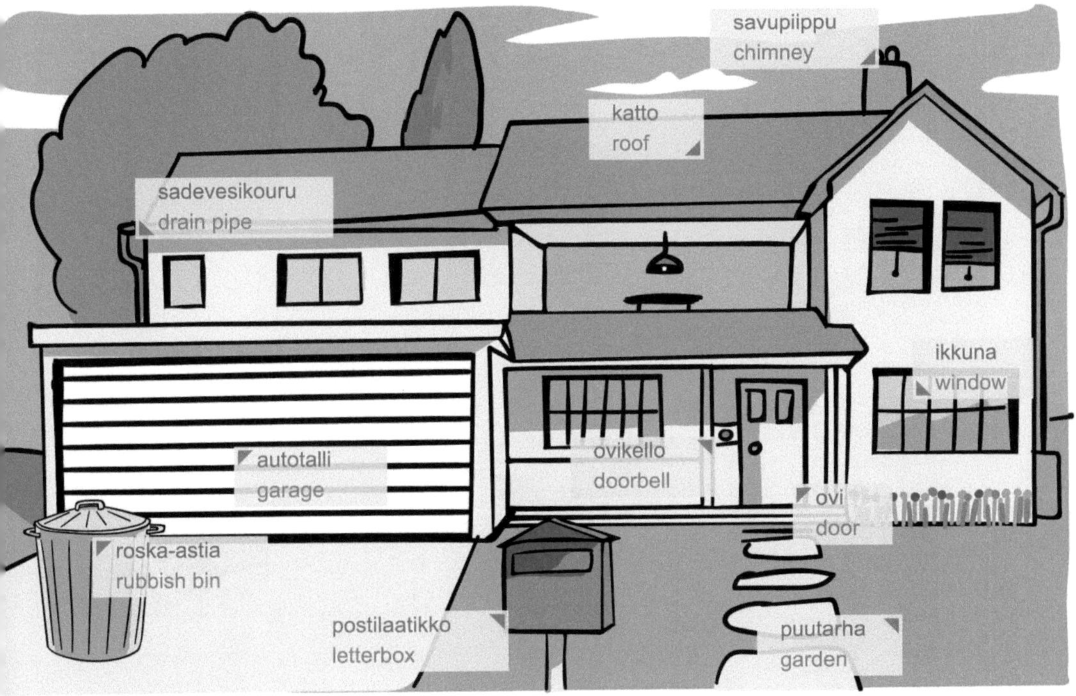
savupiippu
chimney
katto
roof
sadevesikouru
drain pipe
ikkuna
window
autotalli
garage
ovikello
doorbell
ovi
door
roska-astia
rubbish bin
postilaatikko
letterbox
puutarha
garden

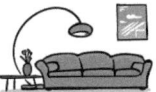

olohuone

living room

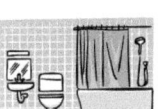

kylpyhuone

bathroom

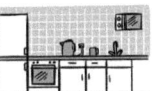

keittiö

kitchen

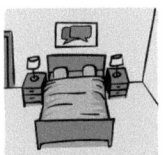

makuuhuone

bedroom

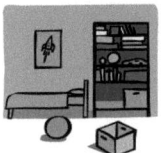

lastenhuone

child's room

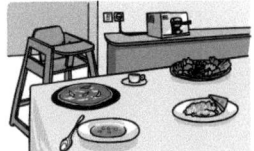

ruokahuone

dining room

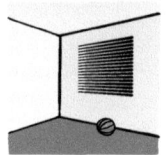

lattia
floor

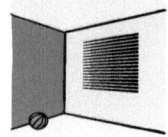

seinä
wall

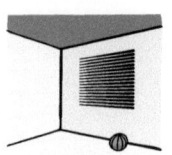

katto
ceiling

kellari
cellar

sauna
sauna

parveke
balcony

terassi
terrace

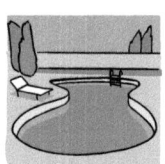

uima-allas
pool

ruohonleikkuri
lawn mower

lakana
sheet

päiväpeitto
bedspread

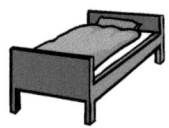

sänky
bed

harja
broom

ämpäri
bucket

katkaisin
switch

olohuone

living room

tapetti
wallpaper
kuva
picture
lamppu
lamp
hylly
shelf
kaappi
cupboard
televisio
television
takka
fireplace
kukka
flower
tyyny
cushion
sohva
sofa
maljakko
vase
kaukosäädin
remote control

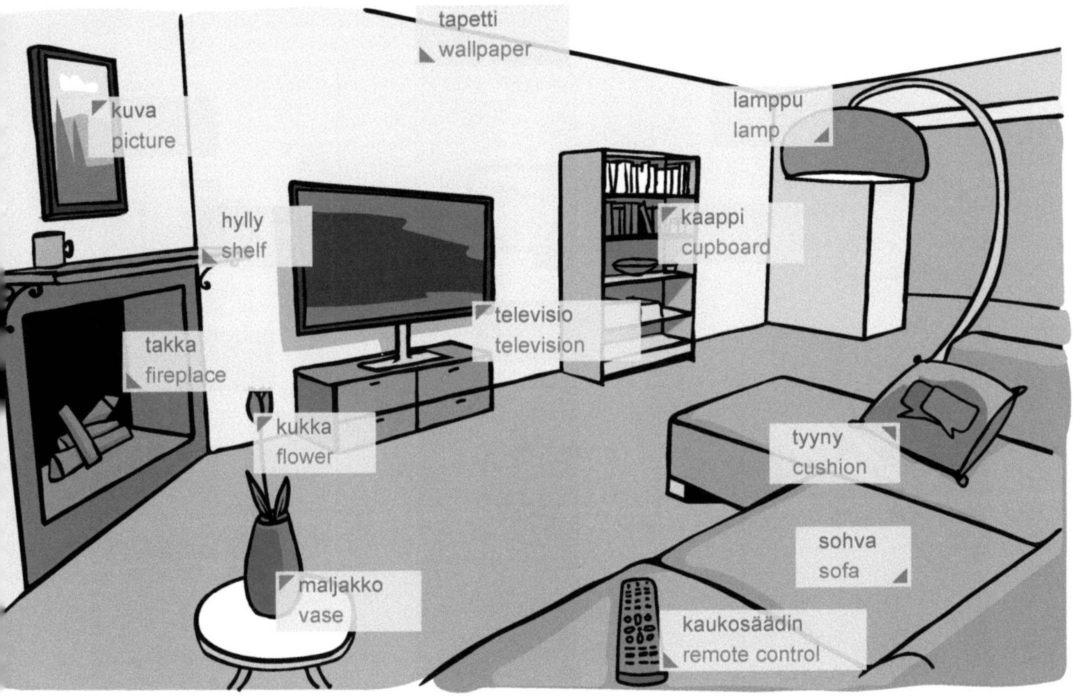

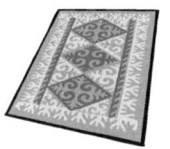

matto

carpet

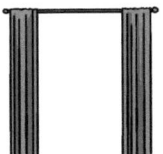

verho

curtain

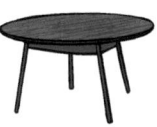

pöytä

table

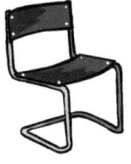

tuoli

chair

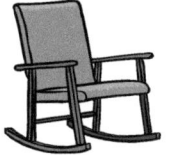

keinutuoli

rocking chair

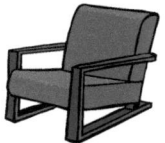

nojatuoli

armchair

kirja

book

peitto

blanket

koriste

decoration

polttopuut

firewood

elokuva

film

stereot

hi-fi equipment

avain

key

sanomalehti

newspaper

maalaus

painting

juliste

poster

radio

radio

muistivihko

notepad

pölynimuri

hoover

kaktus

cactus

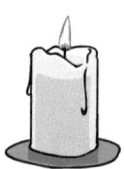

kynttilä

candle

keittiö
kitchen

jääkaappi
fridge
mikroaaltouuni
microwave oven
keittiövaaka
kitchen scales
leivänpaahdin
toaster
pesuaine
detergent
leivinuuni
oven
pakastinlokero
freezer
roska-astia
rubbish bin
astianpesukone
dishwasher

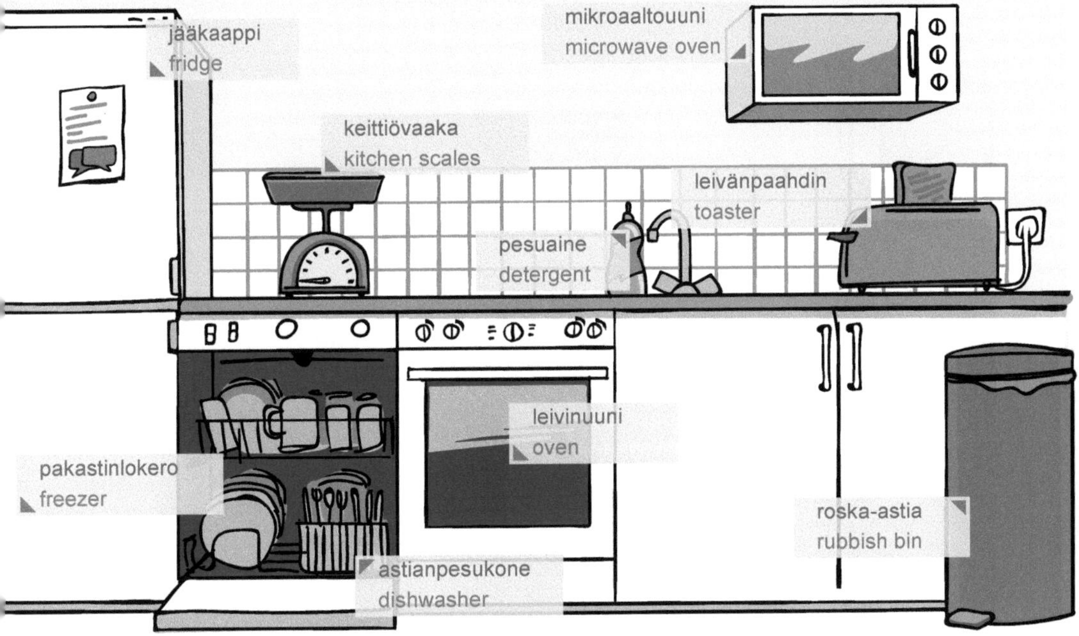

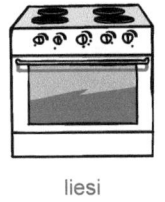

liesi

cooker

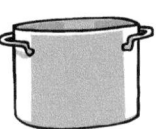

kattila

pot

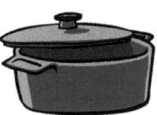

rautapata

cast-iron pot

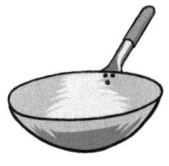

vokkipannu / kadai-pannu

wok / kadai

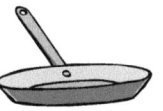

paistinpannu

pan

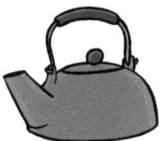

teepannu

kettle

höyrykeitin
steamer

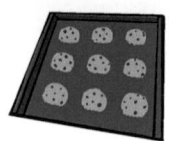

uunipelti
baking tray

astiat
crockery

muki
mug

kulho
bowl

syömäpuikot
chopsticks

kauha
ladle

paistinlasta
spatula

vispilä
whisk

siivilä
strainer

siivilä
sieve

raastin
grater

mortteli
mortar

grilli
barbecue

avotuli
open fire

leikkuulauta

chopping board

kaulin

rolling pin

korkinavaaja

corkscrew

purkki

can

purkinavaaja

can opener

pannulappu

pot holder

lavuaari

sink

tiskiharja

brush

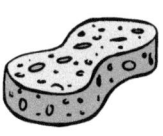

pesusieni

sponge

tehosekoitin

blender

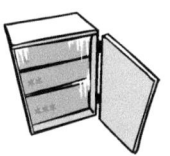

pakastin

deep freezer

tuttipullo

baby bottle

vesihana

tap

kylpyhuone
bathroom

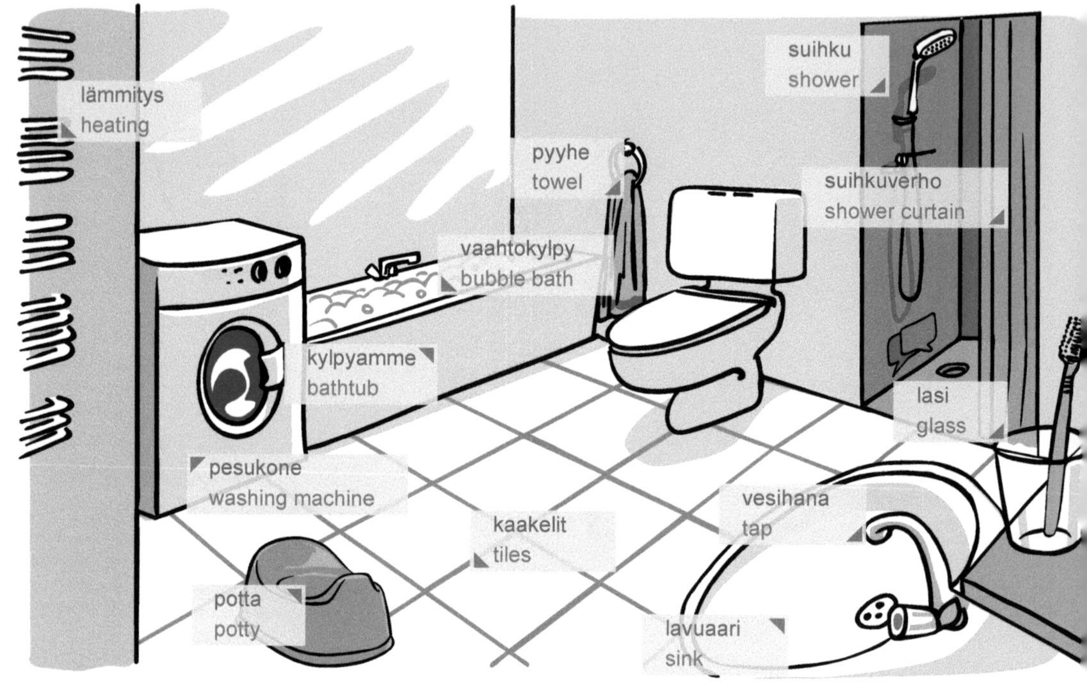

lämmitys
heating

suihku
shower

pyyhe
towel

suihkuverho
shower curtain

vaahtokylpy
bubble bath

kylpyamme
bathtub

lasi
glass

pesukone
washing machine

vesihana
tap

kaakelit
tiles

potta
potty

lavuaari
sink

vessa

toilet

kyykkyvessa

squat toilet

bidee

bidet

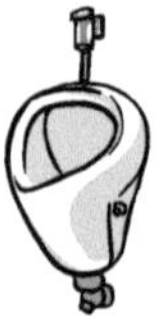

pisuaari

urinal

vessapaperi

toilet paper

vessaharja

toilet brush

hammasharja
toothbrush

hammastahna
toothpaste

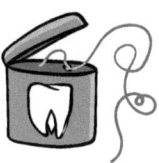

hammaslanka
dental floss

pestä
wash

käsisuihku
handheld shower

intiimisuihku
douche

pesuvati
basin

selkäharja
back brush

saippua
soap

suihkugeeli
shower gel

shampoo
shampoo

pesulappu
flannel

viemäri
drain

voide
cream

deodorantti
deodorant

peili

mirror

käsipeili

hand mirror

partaveitsi

razor

partavaahto

shaving foam

partavesi

aftershave

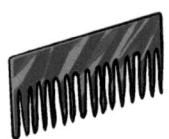

kampa

comb

harja

brush

hiustenkuivaaja

hair dryer

hiuslakka

hairspray

meikki

makeup

huulipuna

lipstick

kynsilakka

nail varnish

pumpuli

cotton wool

kynsisakset

nail scissors

hajuvesi

perfume

kosmetiikkalaukku

washbag

jakkara

stool

vaaka

weighing scale

kylpytakki

bathrobe

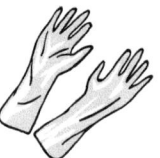

kumihansikkaat

rubber gloves

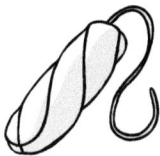

tamponi

tampon

terveysside

sanitary towel

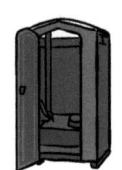

kemiallinen wc

chemical toilet

lastenhuone

child's room

herätyskello
alarm clock
pehmolelu
cuddly toy
leikkiauto
toy car
helistin
rattle
nukkekoti
doll's house
lahja
present

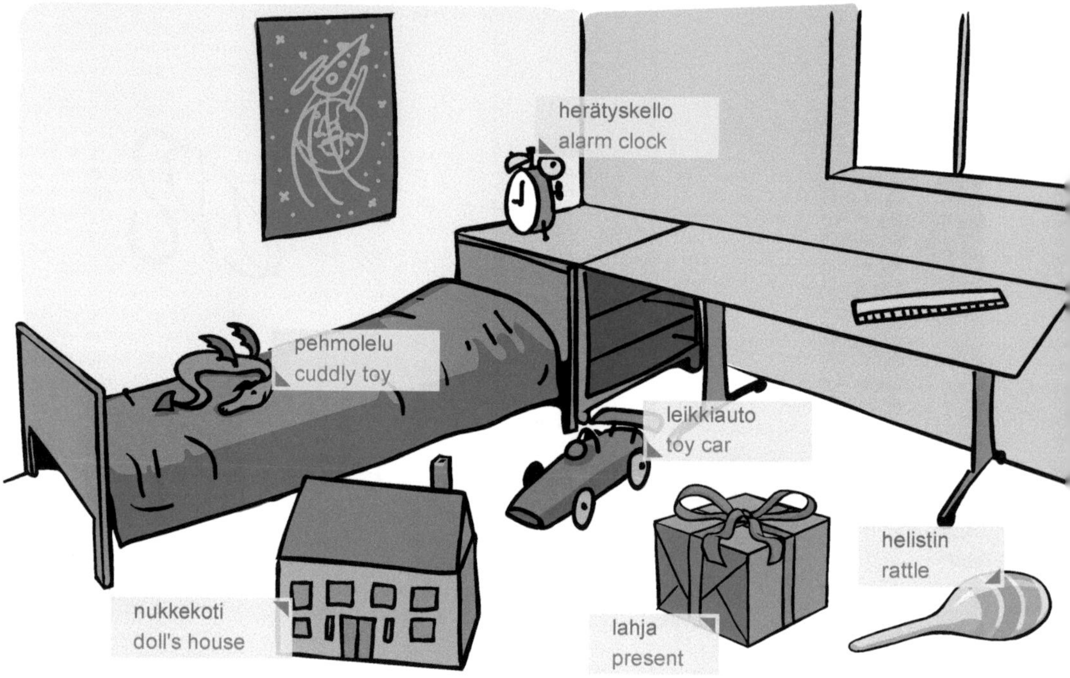

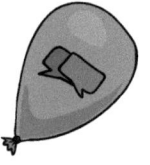

ilmapallo

balloon

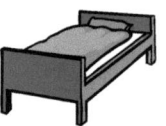

sänky

bed

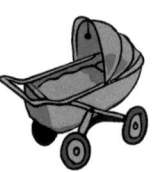

lastenvaunut

pram

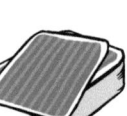

korttipeli

deck of cards

palapeli

jigsaw

SUPER
MEGA

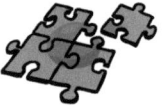

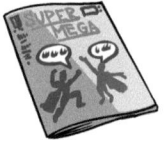

sarjakuva

comic

legopalikat

lego bricks

rakennuspalikat

building blocks

supersankari

action figure

potkupuku

romper suit

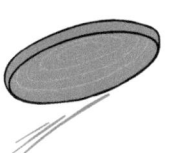

frisbee

Frisbee

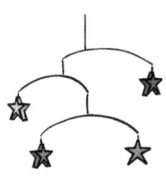

mobile

mobile

lautapeli

board game

noppa

dice

pienoisjunarata

model train set

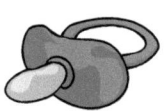

tutti

dummy

juhlat

party

kuvakirja

picture book

pallo

ball

nukke

doll

leikkiä

play

hiekkalaatikko

sandpit

keinu

swing

lelut

toys

pelikonsoli

video game console

kolmipyörä

tricycle

nalle

teddy bear

vaatekaappi

wardrobe

vaatteet

clothing

sukat

socks

nylonsukat

stockings

sukkahousut

tights

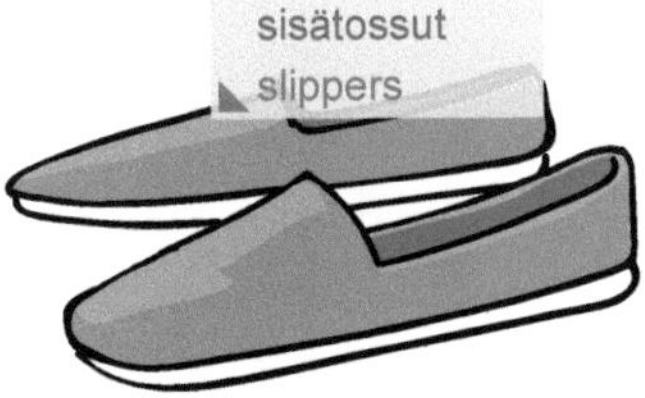

kaulaliina
scarf

sateenvarjo
umbrella

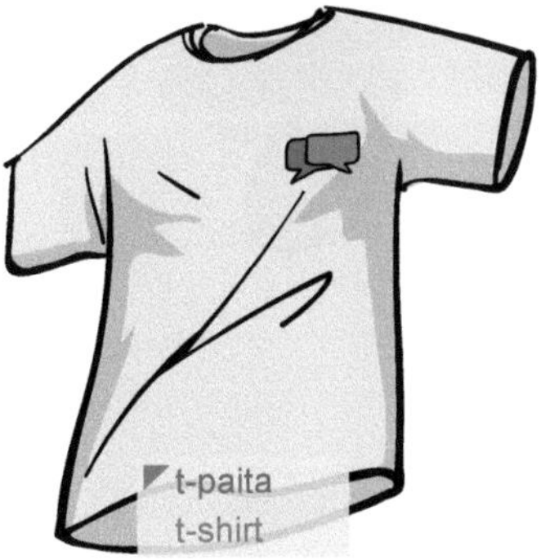

vyö
belt

t-paita
t-shirt

saappaat
boots

sisätossut
slippers

lenkkarit
trainers

sandaalit
sandals

kengät
shoes

kumisaappaat
rubber boots

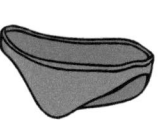

alushousut
underpants

rintaliivit
bra

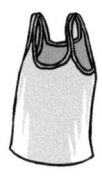

aluspaita
vest

vaatteet - clothing

body

body

housut

trousers

farkut

jeans

hame

skirt

pusero

blouse

paita

shirt

villapaita

pullover

collegepaita

hoodie

jakku

blazer

takki

jacket

takki

coat

sadetakki

raincoat

puku

costume

mekko

dress

hääpuku

wedding dress

puku

suit

yöpaita

nightgown

pyjama

pyjamas

shari

sari

päähuivi

headscarf

turbaani

turban

burka

burqa

kaftaani

kaftan

abaya

abaya

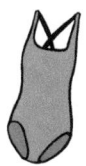

uimapuku

swimsuit

uimahousut

trunks

shortsit

shorts

verkkarit

tracksuit

esiliina

apron

käsineet

gloves

nappi

button

silmälasit

glasses

rannekoru

bracelet

kaulakoru

necklace

sormus

ring

korvakoru

earring

lippalakki

cap

ripustin

coat hanger

hattu

hat

solmio

tie

vetoketju

zipper

kypärä

helmet

henkselit

braces

koulupuku

school uniform

univormu

uniform

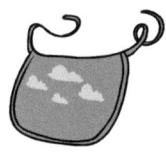

ruokalappu

bib

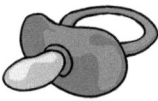

tutti

dummy

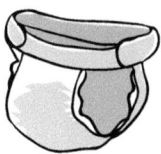

vaippa

nappy

toimisto

office

palvelin
server
asiakirjakaappi
filing cabinet
tulostin
printer
paperi
paper
näyttö
monitor
hiiri
mouse
kirjoituspöytä
desk
kansio
folder
näppäimistö
keyboard
roskakori
paper bin
tietokone
computer
tuoli
chair

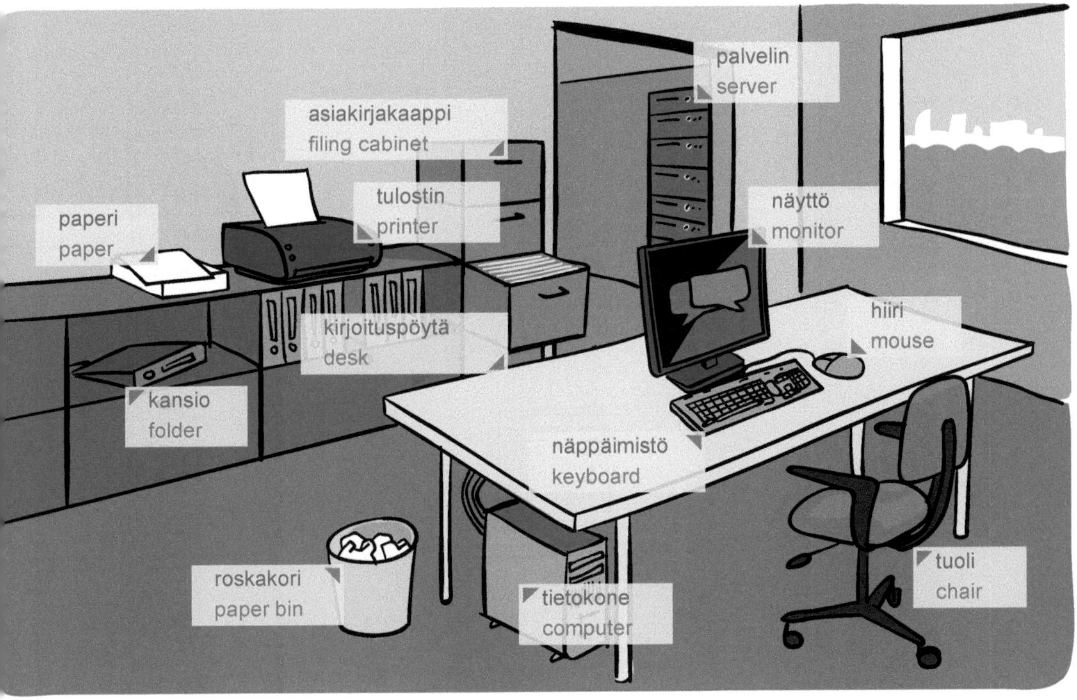

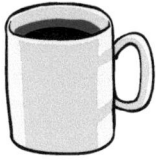

kahvimuki

coffee mug

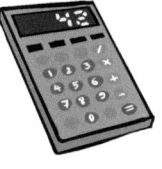

taskulaskin

calculator

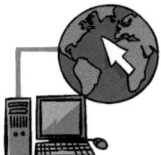

internet

internet

kannettava tietokone

laptop

kirje

letter

viesti

message

kännykkä

mobile

verkko

network

kopiokone

photocopier

ohjelmisto

software

puhelin

telephone

pistorasia

plug socket

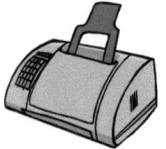

faksi

fax machine

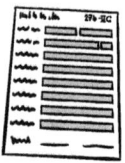

lomake

form

asiakirja

document

ostaa

buy

maksaa

pay

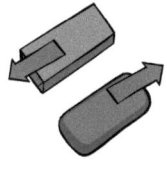

vaihtaa

trade

raha

money

dollari

dollar

euro

euro

jeni

yen

rupla

rouble

frangi

Swiss franc

renminbi juan

renminbi yuan

rupia

rupee

pankkiautomaatti

cashpoint

rahanvaihto

bureau de change

kulta

gold

hopea

silver

öljy

oil

energia

energy

hinta

price

sopimus

contract

vero

tax

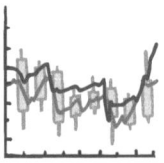

osake

stock

työskennellä

work

työntekijä

employee

työnantaja

employer

tehdas

factory

liike

shop

poliisi
police officer

palomies
fireman

kokki
cook

lääkäri
doctor

lentäjä
pilot

puutarhuri

gardener

puuseppä

carpenter

ompelija

seamstress

tuomari

judge

kemisti

chemist

näyttelijä

actor

linja-autonkuljettaja

bus driver

taksinkuljettaja

taxi driver

kalastaja

fisherman

siivooja

cleaning lady

katontekijä

roofer

tarjoilija

waiter

metsästäjä

hunter

maalari

painter

leipuri

baker

sähköasentaja

electrician

rakentaja

builder

insinööri

engineer

teurastaja

butcher

putkiasentaja

plumber

postinjakaja

postman

sotilas

soldier

arkkitehti

architect

kassanhoitaja

cashier

floristi

florist

kampaaja

hairdresser

konduktööri

conductor

mekaanikko

mechanic

kapteeni

captain

hammaslääkäri

dentist

tiedemies

scientist

rabbi

rabbi

imaami

imam

munkki

monk

pappi

clergyman

työkalut
tools

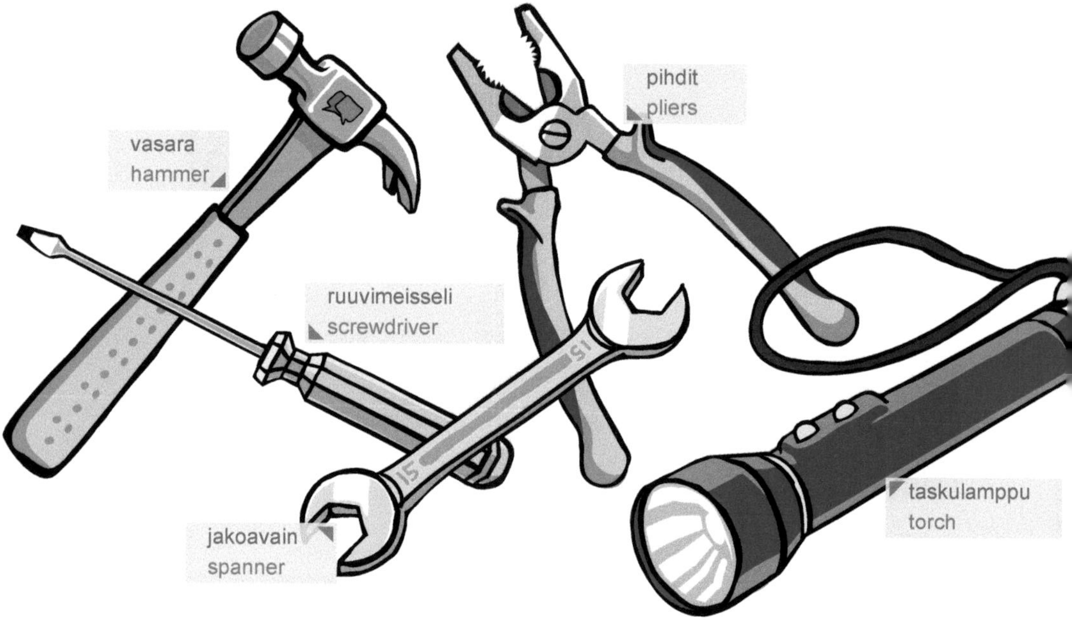

vasara
hammer
pihdit
pliers
ruuvimeisseli
screwdriver
jakoavain
spanner
taskulamppu
torch

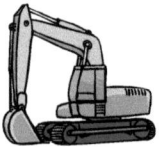

kaivinkone

digger

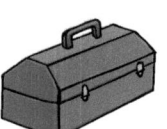

työkalupakki

toolbox

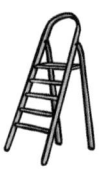

tikkaat

ladder

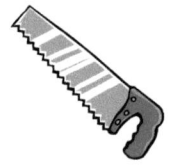

saha

saw

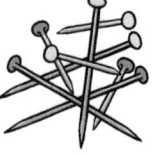

naulat

nails

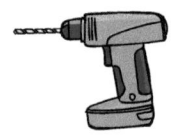

pora

drill

korjata
repair

lapio
shovel

Hitto!
Damn!

rikkalapio
dustpan

maalipurkki
paint pot

ruuvit
screws

soittimet

musical instruments

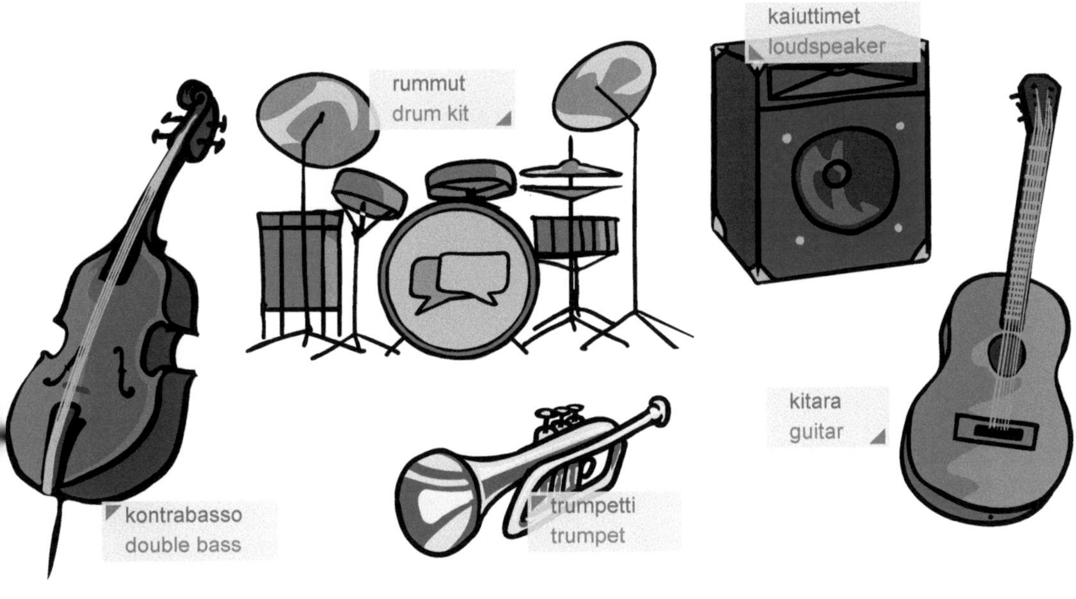

kaiuttimet
loudspeaker

rummut
drum kit

kitara
guitar

kontrabasso
double bass

trumpetti
trumpet

piano

piano

viulu

violin

basso

bass

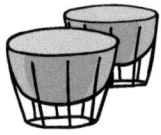

patarummut

timpani

rumpu

drums

kosketinsoitin

keyboard

saksofoni

saxophone

huilu

flute

mikrofoni

microphone

sisäänkäynti
entrance

tiikeri
tiger

häkki
cage

seepra
zebra

eläinten ruoka
animal feed

panda
panda

eläimet

animals

norsu

elephant

kenguru

kangaroo

sarvikuono

rhino

gorilla

gorilla

karhu

bear

kameli

camel

strutsi

ostrich

leijona

lion

apina

monkey

flamingo

flamingo

papukaija

parrot

jääkarhu

polar bear

pingviini

penguin

hai

shark

riikinkukko

peacock

käärme

snake

krokotiili

crocodile

eläintarhanhoitaja

zookeeper

hylje

seal

jaguaari

jaguar

poni
pony

leopardi
leopard

virtahepo
hippo

kirahvi
giraffe

kotka
eagle

villisika
boar

kala
fish

kilpikonna
turtle

mursu
walrus

kettu
fox

gaselli
gazelle

amerikkalainen jalkapallo
American football

pyöräily
cycling

tennis
tennis

koripallo
basketball

uinti
swimming

nyrkkeily
boxing

jääkiekko
ice hockey

jalkapallo
football

sulkapallo
badminton

yleisurheilu
athletics

käsipallo
handball

hiihto
skiing

poolo
polo

nauraa
laugh

hypätä
jump

halata
hug

kävellä
walk

laulaa
sing

unelmoida
dream

rukoilla
pray

suudella
kiss

kirjoittaa

write

piirtää

draw

näyttää

show

painaa

push

antaa

give

ottaa

take

omistaa

have

tehdä

do

olla

be

seisoa

stand

juosta

run

vetää

pull

heittää

throw

kaatua

fall

maata

lie

odottaa

wait

kantaa

carry

istua

sit

pukeutua

get dressed

nukkua

sleep

herätä

wake up

katsoa

look at

itkeä

cry

silittää

stroke

kammata

comb

puhua

talk

ymmärtää

understand

kysyä

ask

kuunnella

listen

juoda

drink

syödä

eat

siivota

tidy up

rakastaa

love

keittää

cook

ajaa

drive

lentää

fly

aktiviteetit - activities

purjehtia

sail

laskea

calculate

lukea

read

oppia

learn

työskennellä

work

mennä naimisiin

marry

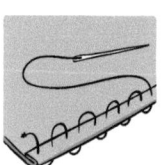

ommella

sew

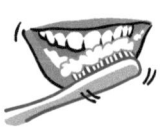

pestä hampaat

brush teeth

tappaa

kill

tupakoida

smoke

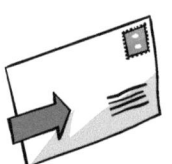

lähettää

send

mummo
grandmother

vauva
baby

äiti
mother

ukki
grandfather

isä
father

tytär
daughter

poika
son

vieras

guest

täti

aunt

setä

uncle

veli

brother

sisko

sister

perhe - family

vartalo

body

otsa
forehead
silmä
eye
olkapää
shoulder
sormet
finger
kasvot
face
leuka
chin
käsi
hand
jalka
leg
rinta
breast
käsivarsi
arm

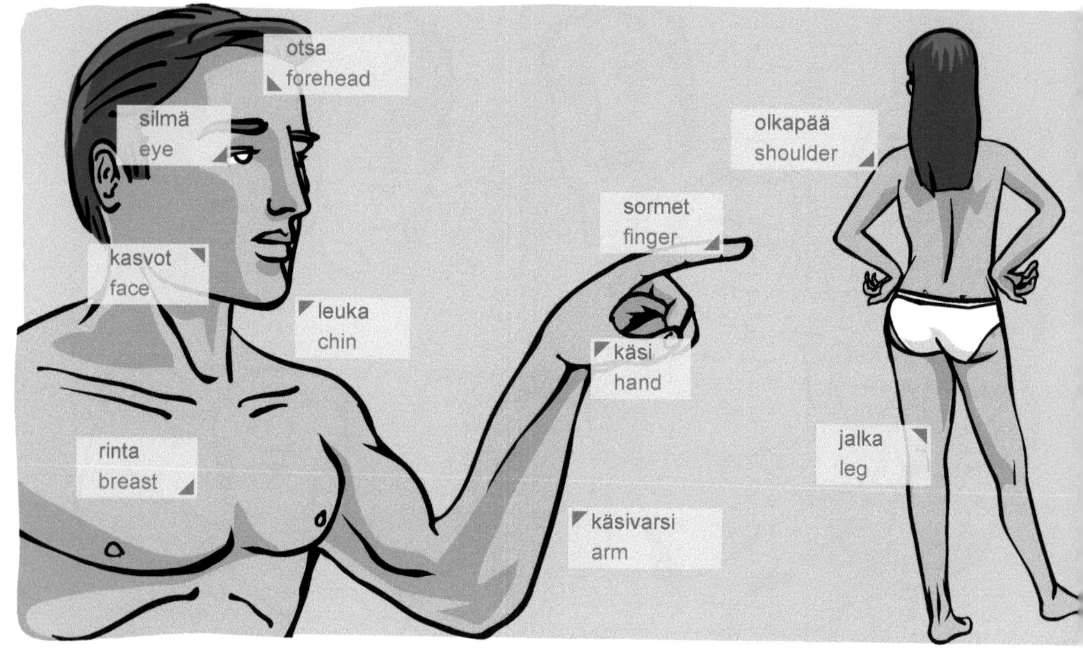

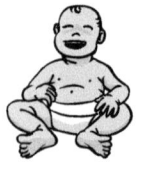

vauva

baby

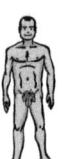

mies

man

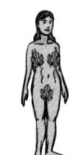

nainen

woman

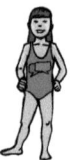

tyttö

girl

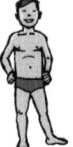

poika

boy

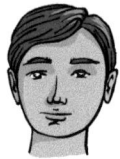

pää

head

selkä

back

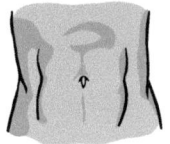

maha

belly

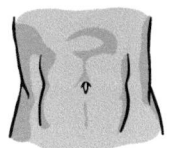

napa

belly button

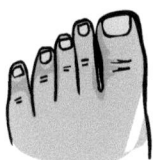

varvas

toe

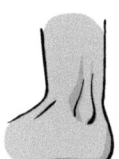

kantapää

heel

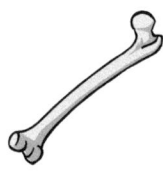

luu

bone

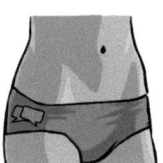

lantio

hip

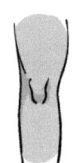

polvi

knee

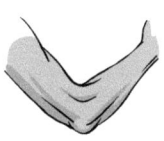

kyynärpää

elbow

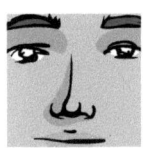

nenä

nose

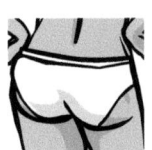

takapuoli

bottom

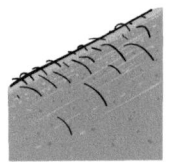

iho

skin

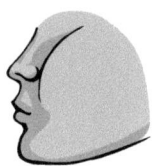

poski

cheek

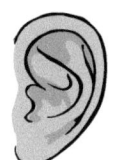

korva

ear

huuli

lip

suu

mouth

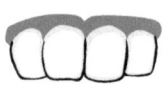

hammas

tooth

kieli

tongue

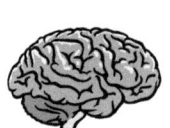

aivot

brain

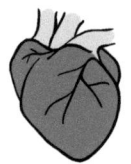

sydän

heart

lihas

muscle

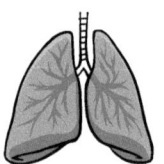

keuhkot

lung

maksa

liver

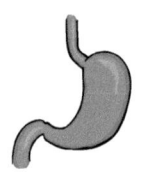

vatsa

stomach

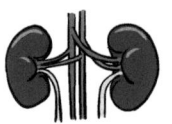

munuaiset

kidneys

seksi

sex

kondomi

condom

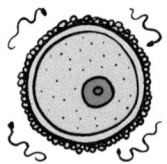

munasolu

ovum

sperma

semen

raskaus

pregnancy

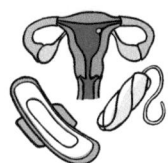

kuukautiset

menstruation

vagina

vagina

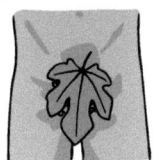

penis

penis

kulmakarvat

eyebrow

hiukset

hair

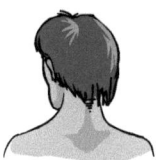

niska

neck

vartalo - body

sairaala
hospital

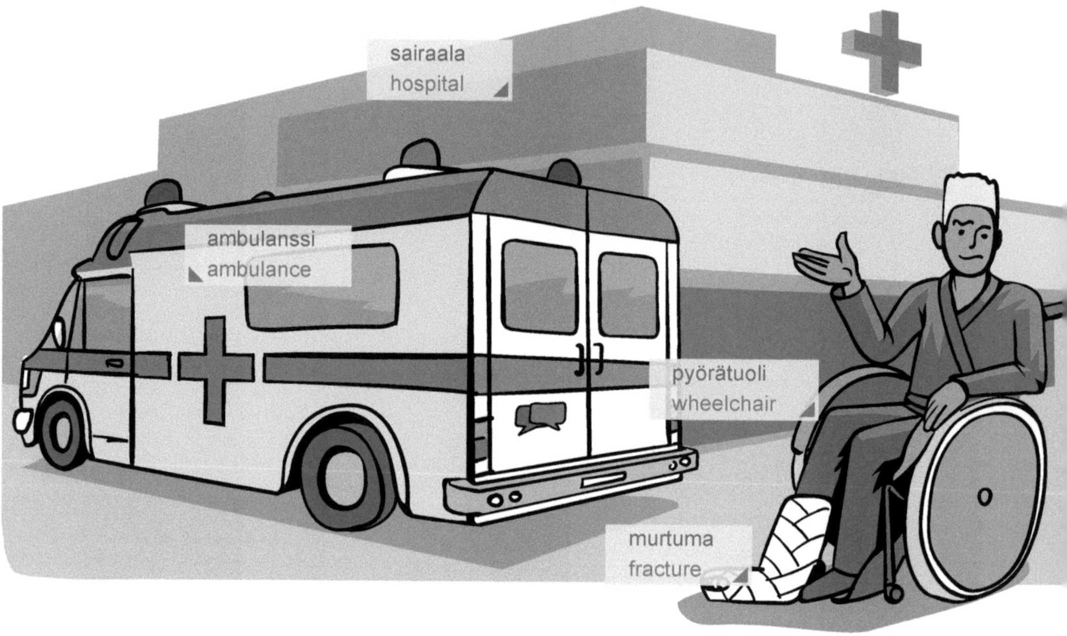

sairaala
hospital
ambulanssi
ambulance
pyörätuoli
wheelchair
murtuma
fracture

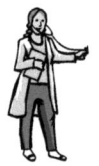

lääkäri

doctor

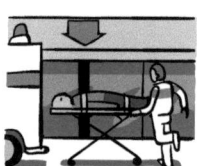

ensiapu

emergency room

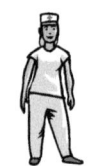

sairaanhoitaja

nurse

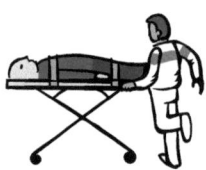

hätätilanne

emergency

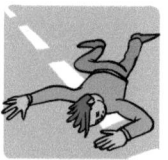

tajuton

unconscious

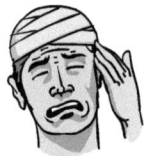

kipu

pain

vamma

injury

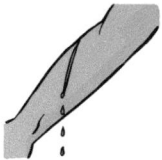

verenvuoto

bleeding

sydänkohtaus

heart attack

aivoinfarkti

stroke

allergia

allergy

yskä

cough

kuume

fever

flunssa

flu

ripuli

diarrhoea

päänsärky

headache

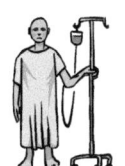

syöpä

cancer

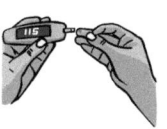

diabetes

diabetes

kirurgi

surgeon

veitsi

scalpel

leikkaus

operation

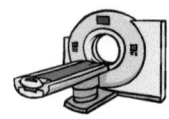

ct
CT

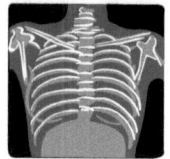

röntgen
x-ray

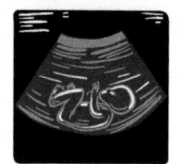

ultraääni
ultrasound

maski
face mask

sairaus
disease

odotushuone
waiting room

sauva
crutch

laastari
plaster

side
bandage

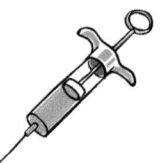

pistos
injection

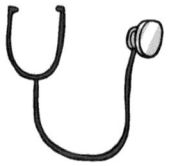

stetoskooppi
stethoscope

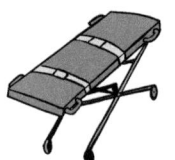

paarit
stretcher

kuumemittari
clinical thermometer

syntymä
birth

ylipaino
overweight

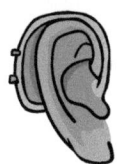

kuulolaite

hearing aid

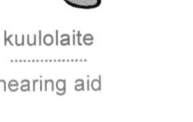

desinfiointiaine

disinfectant

infektio

infection

virus

virus

HIV / AIDS

HIV / AIDS

lääke

medicine

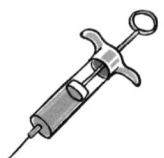

rokotus

vaccination

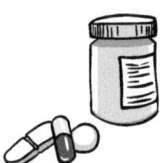

tabletit

tablets

pilleri

pill

hätäpuhelu

emergency call

verenpainemittari

blood pressure monitor

sairas / terve

sick / healthy

Apua!

Help!

hälytys

alarm

ryöstö

assault

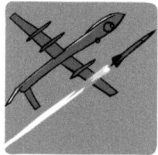

hyökkäys

attack

vaara

danger

hätäuloskäynti

emergency exit

Tulipalo!

Fire!

palosammutin

fire extinguisher

onnettomuus

accident

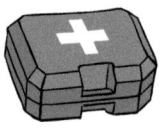

ensiapulaukku

first-aid kit

SOS

SOS

poliisilaitos

police

Eurooppa

Europe

Pohjois-Amerikka

North America

Etelä-Amerikka

South America

Afrikka

Africa

Aasia

Asia

Australia

Australia

Atlantin valtameri

Atlantic

Tyynimeri

Pacific

Intian valtameri

Indian Ocean

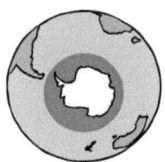

Eteläinen jäämeri

Antarctic Ocean

Pohjoinen jäämeri

Arctic Ocean

pohjoisnapa

North Pole

etelänapa

South Pole

Antarktis

Antarctica

maa

Earth

maa

land

meri

sea

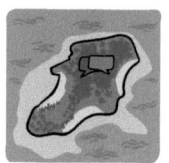

saari

island

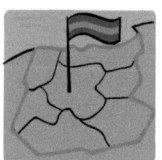

kansa

nation

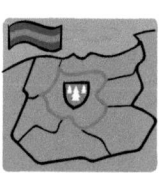

osavaltio

state

kellotaulu

clock face

tuntiviisari

hour hand

minuuttiviisari

minute hand

sekuntiviisari

second hand

Paljonko kello on?

What time is it?

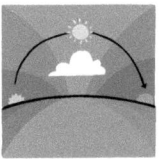

päivä

day

aika

time

nyt

now

digitaalikello

digital watch

minuutti

minute

tunti

hour

viikko
week

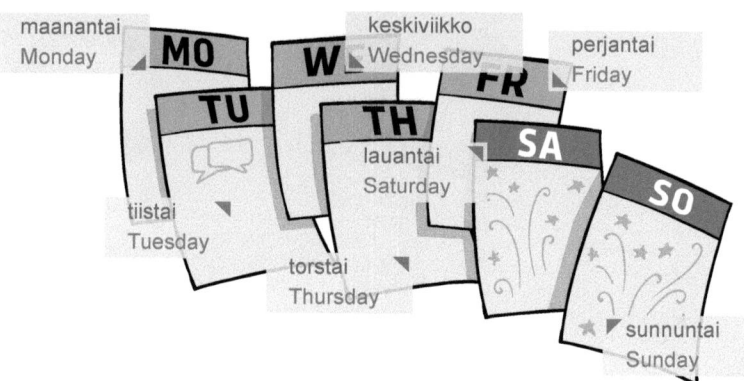

maanantai
Monday

keskiviikko
Wednesday

perjantai
Friday

tiistai
Tuesday

lauantai
Saturday

torstai
Thursday

sunnuntai
Sunday

eilen

yesterday

tänään

today

huomenna

tomorrow

aamu

morning

keskipäivä

noon

ilta

evening

MO	TU	WE	TH	FR	SA	SU
1	2	3	4	5	6	7
8	9	10	11	12	13	14
15	16	17	18	19	20	21
22	23	24	25	26	27	28
29	30	31	1	2	3	4

työpäivät

business days

MO	TU	WE	TH	FR	SA	SU
1	2	3	4	5	6	7
8	9	10	11	12	13	14
15	16	17	18	19	20	21
22	23	24	25	26	27	28
29	30	31	1	2	3	4

viikonloppu

weekend

viikko - week

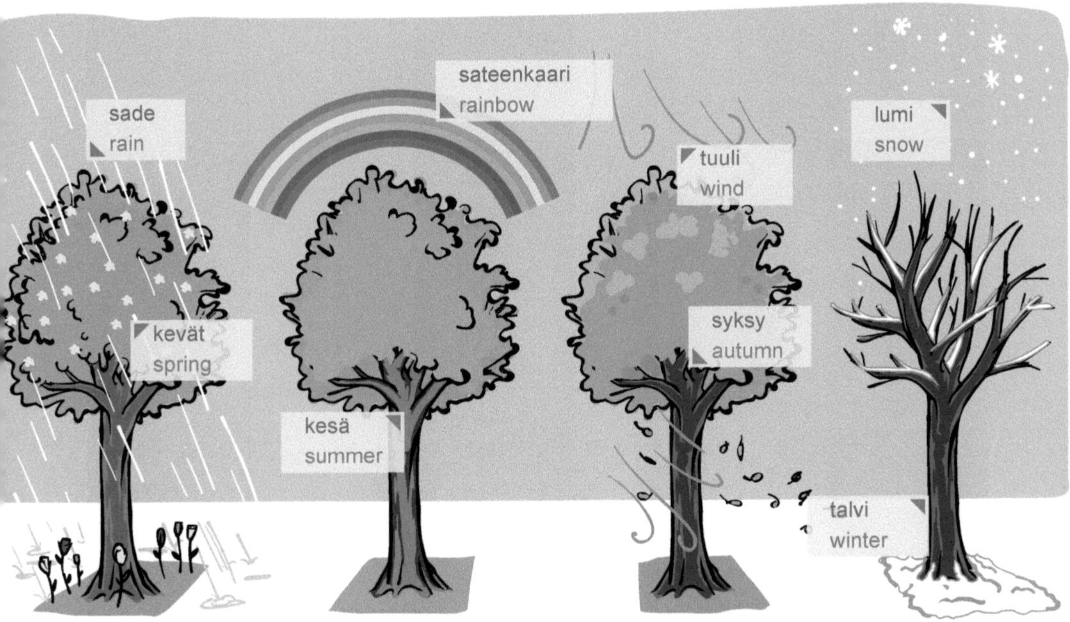

sade
rain
sateenkaari
rainbow
tuuli
wind
lumi
snow
kevät
spring
kesä
summer
syksy
autumn
talvi
winter

4.APRIL 11°
5.APRIL 4°
6.APRIL 13°
7.APRIL 8°
8.APRIL 10°

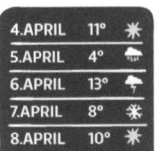

sääennuste

weather forecast

F C
120 40
90 30
60 20
30 10
0 0
-30 -10
-20

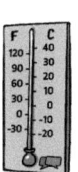

lämpömittari

thermometer

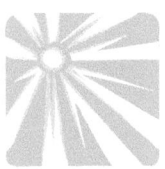

auringonpaiste

sunshine

pilvi

cloud

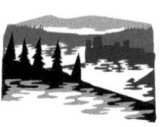

sumu

fog

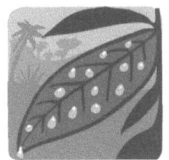

ilmankosteus

humidity

salama

lightning

ukkonen

thunder

myrsky

storm

rae

hail

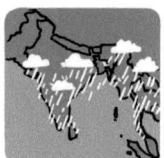

monsuuni

monsoon

tulva

flood

jää

ice

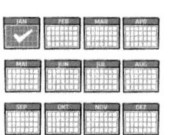

tammikuu

January

helmikuu

February

maaliskuu

March

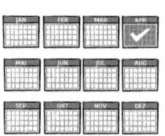

huhtikuu

April

toukokuu

May

kesäkuu

June

heinäkuu

July

elokuu

August

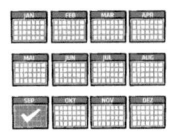

syyskuu
....
September

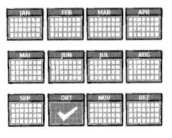

lokakuu
....
October

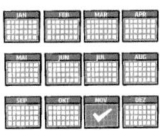

marraskuu
....
November

joulukuu
....
December

ympyrä
....
circle

neliö
....
square

suorakulmio
....
rectangle

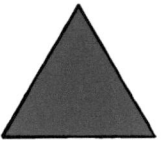

kolmio
....
triangle

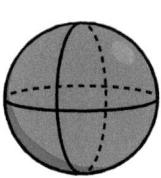

pallo
....
sphere

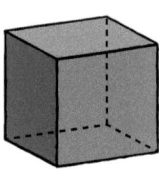

kuutio
....
cube

valkoinen

white

keltainen

yellow

oranssi

orange

vaaleanpunainen

pink

punainen

red

violetti

purple

sininen

blue

vihreä

green

ruskea

brown

harmaa

grey

musta

black

paljon / vähän

a lot / a little

vihainen / ystävällinen

angry / calm

kaunis / ruma

beautiful / ugly

alku / loppu

beginning / end

suuri / pieni

big / small

vaalea / tumma

bright / dark

veli / sisko

brother / sister

puhdas / likainen

clean / dirty

täydellinen / epätäydellinen

complete / incomplete

päivä / yö

day / night

kuollut / elävä

dead / alive

leveä / kapea

wide / narrow

syötävä / syömäkelvoton

edible / inedible

paha / kiltti

evil / nice

innostunut / tylsistynyt

excited / bored

lihava / laiha

fat / thin

ensimmäinen / viimeinen

first / last

ystävä / vihollinen

friend / enemy

täysi / tyhjä

full / empty

kova / pehmeä

hard / soft

painava / kevyt

heavy / light

nälkä / jano

hunger / thirst

sairas / terve

sick / healthy

laiton / laillinen

illegal / legal

älykäs / tyhmä

intelligent / stupid

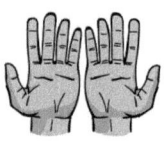

vasen / oikea

left / right

lähellä / kaukana

near / far

uusi / käytetty

new / used

ei mitään / jotain

nothing / something

vanha / nuori

old / young

päällä / pois päältä

on / off

auki / kiinni

open / closed

hiljainen / äänekäs

quiet / loud

rikas / köyhä

rich / poor

oikein / väärin

right / wrong

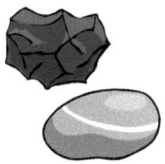

karhea / sileä

rough / smooth

surullinen / iloinen

sad / happy

lyhyt / pitkä

short / long

hidas / nopea

slow / fast

märkä / kuiva

wet / dry

lämmin / viileä

warm / cool

sota / rauha

war / peace

0

nolla

zero

1

yksi

one

2

kaksi

two

3

kolme

three

4

neljä

four

5

viisi

five

6

kuusi

six

7

seitsemän

seven

8

kahdeksan

eight

9

yhdeksän

nine

10

kymmenen

ten

11

yksitoista

eleven

12

kaksitoista

twelve

13

kolmetoista

thirteen

14

neljätoista

fourteen

15

viisitoista

fifteen

16

kuusitoista

sixteen

17

seitsemäntoista

seventeen

18

kahdeksantoista

eighteen

19

yhdeksäntoista

nineteen

20

kaksikymmentä

twenty

100

sata

hundred

1.000

tuhat

thousand

1.000.000

miljoona

million

kielet
languages

englanti

English

amerikanenglanti

American English

mandariinikiina

Mandarin Chinese

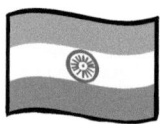

hindi

Hindi

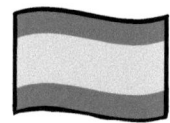

espanja

Spanish

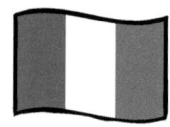

ranska

French

arabia

Arabic

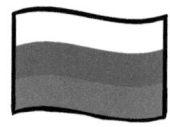

venäjä

Russian

portugali

Portuguese

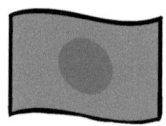

bengali

Bengali

saksa

German

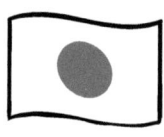

japani

Japanese

minä

I

sinä

you

hän

he / she / it

me

we

te

you

he

they

kuka?

who?

mitä / mikä?

what?

miten?

how?

missä?

where?

milloin?

when?

nimi

name

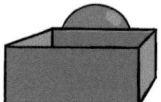

takana

behind

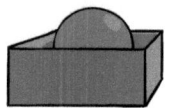

sisällä

in

edessä

in front of

yläpuolella

over

päällä

on

alapuolella

under

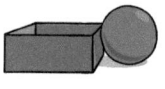

vieressä

beside

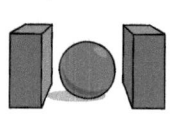

välissä

between

paikka

place